ウオッチマン・ニー著

過去の事を終結させる

JN061253

JGW日本福音書房

初信者シリーズ

2

過去の事を終結させる

今日は、人が主を信じた後、どのように過去のすべてを終結させるかという問題を取り上げてみたいと思います。主を信じた後、過去の多くの事とのかかわりは無くなるものですが、人はどのようにしてそれらすべてを終結させるべきなのでしょうか？

一　聖書の教えはすべて今後どうあるべきかを語っている

旧約から新約までの全聖書、特に新約では、神は人が主を信じる前のさまざまな事に注目しておられません。マタイによる福音書第一章から啓示録第二十二章までにおいて、主を信じた人が過去の事をいかに終結させるかを語っている箇所は、いくつあるか捜し出すことができるでしょうか？　やってみれば、見いだすことは実に難しいです。書簡の中で過去の間違った行為を取り上げている所でも、今後どうあるべきかを言うだけで、以前の事についてはどうする必要があるかは述べていません。エペソ人への手紙、コロサイ人への手紙、テサロニケ人への第一の手紙では、わたしたちがかつてどうであったかに触れていますが、それらの過去をいかに終結させるかを述べているのではなく、今後どうあるべきかだけを語っています。

ある人がバプテスマのヨハネのもとに来て、「それでは、わたしたちはどうしたらよいのでしょうか?」と尋ねたことをご存じだと思います。ヨハネは、「下着を二枚持っている者は、持っていない者に分け与えなさい。食物を持っている者も、同じようにしなさい」と答えました。これは過去の事ではなく、今後の事を言っています。また取税人たちがどうしたらよいのかをヨハネに尋ねた時、彼は「決められた以上のものを取り立ててはならない」と言いました。また軍務に服している者たちも「それでは、わたしたちはどうしたらよいのでしょうか?」とヨハネに尋ねたところ、彼は「だれからも強制的に奪い取ったり、だまし取ったりしてはならない。自分の給料で満足しなさい」と言いました(ルカ三・十―十四)。このことは、悔い改めを宣べ伝えたヨハネも、過去をどうすべきかではなく、今後どうあるべきかに注意を払っていたことを見せています。

パウロの書簡も見てみましょう。彼も過去についてではなく、今後どうあるべきかを重んじています。どうしてでしょうか？　それはすべてが尊い血の下にあるからです。少しでも不注意になるなら、福音を間違えてしまいます。主の道を壊してしまいます。悔い改めの道を壊してしまいます。償いの道を壊してしまいます。この問題ははっきりさせなければならないことです。

コリント人への第一の手紙第六章九節から十一節前半は言います、「それともあなたがたは、不義な者が神の王国を継ぐことはないのを知らないのですか？　惑わされてはなりません。淫行の者、偶像を拝む者、姦淫を行なう者、男娼となる者、同性愛の者、盗む者、むさぼる者、酒に酔う者、ののしる者、強奪する者は、神の王国を継ぐことはないのです。あなたがたのうちのある者は、このようでした」。彼は、彼らに以前これらの事があったとは述べていますが、これらをいかに解決すべきかとは言っていません。「しかし、あなたがたは主イエス・キリストの御名の中で、またわたしたちの神の霊の中で、洗われ、聖別され、義とされています」（Ｉコリント六・十一後半）。ここでの重点は、過去を対処することにあるのではありません。なぜなら、救い主がすでにわたしたちに代わってすべての過去を対処してくださったからです。今日、重要なことは、今後いかにあるべきかです。救われた人はすでに洗われ、聖別され、義とされました。

エペソ人への手紙第二章一節から五節は言います、「ところであなたがたは、自分の違犯と罪の中に死んでいて、かつてはそれらの中で、この世の時代に流され、空中の権威の支配者、すなわち不従順の子らの中に今も活動している霊の支配者にしたがって、歩いていました。わたしたちもみな、かつては彼らの間で、自分の肉の欲の中で振る舞い、肉と思いの望むままを行なっていたのであり、ほかの人たちと同じように、生まれながら激怒の子でした。しかし、あわれみに富んでおられる神は、わたしたちを愛してくださった彼の大きな愛のゆえに、わたしたちが違犯の中で死んでいた時、わたしたちをキリストと共に生かし」。ここではかつての多くの肉に属することをどのように終結させるかを述べているのではありません。ここにはただ一つの終結、つまりわたしたちの主が、神がわたしたちを愛してくださった大きな愛のゆえに、また神の豊かなあわれみのゆえに、わたしたちに代わって解決してくださったことがあるだけです。

エペソ人への手紙第四章十七節から二四節もわたしたちの以前の状況を語っています、「こういうわけで、わたしはこの事を言い、また主の中で証しをします。もはやあなたがたは、異邦人が彼らの思いのむなしさの中を歩くように、歩いてはなりません。彼らは、理解することで暗くなり、彼らの中にある無知のゆえに、その心のかたくなさのゆえに、神の命から遠ざけられ、感覚を失ってしまい、自分自身を淫蕩《いんとう》にゆだねて、飽くことなくあらゆる不潔を行なっています。……あなたがたは、以前の生活様式において、あの欺きの情欲によって腐敗している古い人を、脱ぎ捨ててしまったのです。そして、あなたがたの思いの霊の中で新しくされ、また、あの実際の義と聖の中で、神にしたがって創造された、新しい人を着たのです」。

「そういうわけで、偽りを脱ぎ捨て」(エペソ四・二五前半)。これは今後の事です。以前の偽りをどのように対処するかではなく、今から後は偽りを言ってはならないとだけ言っています。今必要なのは「おのおのその隣人と共に真実を語りなさい。……怒ったとしても、罪を犯してはいけません。日が暮れるまで、憤ったままでいてはなりません。また、悪魔に所を得させてはいけません」(エペソ四・二五後半―二七)。これらの言葉はすべて以前の事ではなく、今後の事を述べています。「盗みをしている者は、もう盗んではいけません」(エペソ四・二八前半)。かつて盗んだ者は返しに行きなさいとは言っていません。今後の事に重きがあります。以前盗んだものをどのように返すかは、別の問題です。「むしろ、必要のある人に分け与える物を得るために、労苦して、自分自身の手で正当に働きなさい。腐敗した言をあなたがたの口から出すことなく、必要に応じて、建造するのに良い言だけを語り、聞く人たちに恵みを与えるようにしなさい。また、神の聖霊を悲しませてはいけません。……すべての苦さ、憤り、激怒、わめき、ののしりを、すべての悪意と共に、あなたがたから除き去らせなさい」(エペソ四・二八後半―三二)。

「ところで、あなたがたの間では聖徒たちにふさわしく、淫行とすべての汚れやむさぼりなどを、口に出すことさえしてはいけません。また卑わいな言葉、つまらないおしゃべり、下品な冗談など、みなふさわしくないことです。それよりはむしろ、感謝をささげなさい」(エペソ五・三―四)。これらの言葉も先の原則と同様、みな今後の事、主を信じた後の事を語っており、主を信じる前の事をいかに終結させるかは述べていません。

すべての書簡を調べるなら、とても不思議な真理を見いだすことができるでしょう。それは、神が重きを置かれるのは信者が今後どうすべきであるか、ということです。主を信じる前の事については、神はあまり注意されず、どうすべきかも言われません。これは土台の問題です。

多くの誤った福音のゆえに、過去を対処することを重視しすぎて、多くの人は束縛の中に陥ってしまっています。過去を対処しなくていいということではなく、ある事はやはり対処しなければなりません。土台はこの事にあるのではありません。神が重んじられるのは、わたしたちの過去の罪はすべて血の下にあり、主イエスがわたしたちに代わって死なれたゆえに、わたしたちは完全な赦しを得、救いを得ているということです。わたしたちが救われるのは、過去をいかに対処したかに基づいているのではありません。かつての行為が良かったから人が救われるのではありません。過去の良くない行為を悔い改めて救われるのでもありません。人は主イエスの十字架の救いによって救われるのです。これこそわたしたちがしっかりと把握しなければならない土台です。

二　新約における過去を対処する模範

それでは、わたしたちは過去の事柄についていったいどのようにすべきでしょうか？　わたしは新約聖書を多くの時間をかけて読み、人が主を信じたなら、過去をいかに終結させるべきかを尋ねてみました。いくつかの箇所を捜し当てましたが、それらはみな教えではなく、模範でした。

A　偶像に関わる事柄は必ず徹底的に解決しなければならない

テサロニケ人への第一の手紙第一章九節は言います、「偶像から神に向きを変えて」。主を信じたなら、必ず偶像の事柄を解決しなければなりません。あなたは聖霊の宮であることをどうか覚えておいてください。神の宮と偶像とに何の一致があるでしょうか？　使徒ヨハネでさえ信者たちを見た時、彼らに「小さい子供たちよ、偶像から自分自身を守りなさい」(Ｉヨハネ五・二一)と言っています。ですからこの問題は、わたしたちが思っているほど簡単なことではないのです。

わたしたちが注意しなければならないのは、神はいかなるものの像も造ることを禁じておられることです。どんな人が造ったものでも、それが生きているという気持ちがあってはなりません。そう思っただけで、その物は偶像になり変わります。もちろん、偶像は取るに足らないものです。しかし、それが生きているとすることは正しくありません。ですから、これらのものを礼拝することは禁止されており、心を傾けることさえも禁じられています。偶像を造ってはならないと、十戒の一つは命じています(申五・八)。

申命記第十二章三〇節は言います、「彼らの神々を求めて、『これらの諸国民は、どのように彼らの神々に仕えたのだろうか?……』と言わないようにしなさい」。これは異邦の神をどのように礼拝するのかと問うことでさえ、すべきではないことを見せています。好奇心のある人は、彼らがどうしているのか、どのように仕えているのかを研究したがります。しかし、神はそれを調べることを禁じられます。もしあなたが調べるなら、それに従って行なうというステップを踏んでしまうからです。好奇心を持つことは禁じられています。

コリント人への第二の手紙第六章十六節は、「神の宮と偶像とに何の一致があるでしょうか?」と言っています。この意味はかなりはっきりしています。クリスチャンは寺院に行くべきではありません。深い山の中で泊る場所のため寺院しか見つからなかった場合などは例外です。信者は寺院を参観すべきではありません。コリント人への第二の手紙第六章は、わたしたちの体が聖霊の宮であると言っているのと同時に、偶像と聖霊の宮とに何の一致があるかとも言っているからです。環境上の、あるいは特別な場合の出来事についてはあえて言いませんが、故意に観光のためにそれらに接近するのはふさわしくありません。ヨハネは言いました、「小さい子供たちよ、偶像から自分自身を守りなさい」。自分自身を守るとは、それらに接近しないことを意味します。

詩篇第十六篇四節は言います、「わたしは……彼らの名を唇に出すこともしません」。ですから、メッセージする時でさえ、たとえに用いる以外は、他の神の名を口にしないように注意しなければなりません。また各種の迷信、運命の心配事、あれこれを恐れる意味の言葉があってもなりません。多くの信者がなおも、運命がどうとか、人相がどうとか、前途がどうとかに注意を払っていますが、これら運勢を占うことは禁止されています。偶像の範囲の中にあることはみな、神の御前で徹底的に対処しなければなりません。わたしたちはそれらとの関係を完全に断たなければなりません。

信じたばかりの人が第一日目にしなければならないのは、偶像を離れることです。偶像の名を口にしないこと、易者に運命を占ってもらわないこと、寺院に接近しないことです。形のある物を拝まないだけでなく、心を動かすことも、口にすることもいけません。その他の宗教ではどのように拝するかも尋ねてはいけません。これはすべて過去に属することであって、わたしたちはそれらを対処すべきです。このたぐいの物は壊すべきであって、売ってはいけません。打ち砕き、消滅させ、除き去るべきです。この事に関して、初信者は重く見るべきであって、気ままにしてはいけません。なぜなら、神は偶像を非常に忌み嫌われるからです。

偶像については、もし今日しっかり立たなければ、将来地上における最大の偶像に出くわした時、逃れることが困難になるでしょう。刻んだり、鋳たりしたものだけでなく、生きている者も拝んではいけません。確かに生きた偶像があります。あの不法の者(Ⅱテサロニケ二・三)も偶像です。いかなる偶像も拝んではならないし、いかなる偶像も拒絶すべきであることを、覚えておいてください。主イエスの像、マリアの像でさえ拝むべきではありません。

この事は徹底的に対処しなければなりません。そうでなければ別の道を歩むことになります。わたしたちは肉においてではなく、霊の中で仕えるのです。神は肉をもってではなく、霊をもって彼に仕える者を捜し求めておられます。神は霊です。偶像ではありません。兄弟姉妹よ、このようにするなら、将来、ローマ・カトリックの勢力下に陥ることはないでしょう。ある日、反キリストがやって来ると、ローマ・カトリックの勢力は大いに増し加わるでしょう。

これが、聖書での過去を対処する第一番目の事柄です。すなわち、過去の偶像を拒絶することです。わたしたちは偶像を拒絶して、神の御子の来臨を待つべきです。主イエスの像も取って置いてはいけません。それは主イエスの真の姿ではなく、何の価値もありません。ローマの博物館に二千種類余りの主イエスの像がありますが、それらはすべて画家の想像で描かれたものです。外国では多くの画家がさまざまな場所に行って、イエスのような人を見かけると少しお金を差し出して、その人を座らせ、モデルにして絵を描きます。これは冒とくです。神はねたむ神ですから、そのようなことを承認されません。どんな迷信もあってはなりません。例えば、人がこの数日、幸運の相がない、運の悪い事だらけだと言ったとすれば、この種の言葉は完全に地獄から出たものです。神の子たちは第一日目にそれらをすっかり除き去らなければなりません。徹底的に解決して、偶像のにおいが入ってこないようにしなければなりません。

B　適切でないものは終結させるべきである

使徒行伝第十九章十九節は言います、「また、魔術を行なっていた多くの人が、彼らの本を持ち寄って来て、みなの前で焼き払った。彼らがそれらの価を計算すると、銀貨五万であることがわかった」。これもまた初信者が終結させ、対処すべき事柄です。

しかし、これは命令でも教えでもなく、聖霊の働きの結果です。聖霊がある段階まで働きを進めると、彼らの所有すべきでない物を持ち出させます。ここでの銀貨五万は相当の大金です。それらを売り払ってお金を教会用にしたのではありません。焼いてしまったのです。ユダがそこにいたとしたら、そうはしなかったでしょう。それは貧しい人に施すことのできる銀貨三十枚どころではない金額です。しかし、主はそれらを火で焼き払うことを喜ばれました。

このほかに多くの疑わしいものも解決を要します。ある物は明らかに罪と関係があり、各種のかけごと用の道具や正当でない絵画などは焼き払ってしまわないわけにいきません。ぜいたく品、享楽の事物は、焼き捨てることはできないにしても、対処しなければなりません。しかしながら、焼き払うことが原則です。

人が主を信じたなら、家に戻って自分の持ち物を点検してみる必要があります。未信者の家には罪とかかわりのある物がありますし、聖徒にふさわしくない物もあるでしょう。罪に関係する物は売ることができません。取り壊し、焼き払わなければなりません。ぜいたくな物は改良して使うこともできますし、改良することのできない物は売ることができます。

レビ記第十三章と第十四章は、らい病の生じた衣服のことを述べていますが、これはとても良いたとえです。ある衣服には重いらい病が生じており、洗い去ることができないので焼き払います。洗うことのできるものは、洗ってまた用いることができます。ある衣服のスタイルはよくないので改めます。短すぎる服は少し長くします。奇抜な服は普通の感じにします。ある服は救いようがないほど罪を含んでいるので焼き払います。あるものは売ってお金を貧しい人にあげます。

適切でない物については始末すべきです。もし初信者の一人一人が自分の持ち物を徹底的に整理するなら、とてもすばらしい開始をするでしょう。迷信的な物は焼き払うべきです。ある物は改良して用いればいいでしょう。あるいは改良して売り払えばいいでしょう。いったんわたしたちがこの学課を学んだなら、一生涯忘れることがないでしょう。クリスチャンになるのは実際的なことです。礼拝堂に行って説教を聞けばすむようなものではありません。

C　負債は賠償すべきである

ルカによる福音書第十九章八節は言います、「ザアカイは立って主に言った、『主よ、ご覧ください。わたしは財産の半分を、貧しい人たちに施します。また、だれかから偽りの取り立てによって何かを取っていたなら、四倍にして返します』」。ザアカイがこのようにしたのは、教えによったのではなく、聖霊の感動によりました。もし教えによったのであれば、多かったり少なかったりはしません。聖霊の感動によるのであれば、少し多かったりも、少し少なかったりもします。ザアカイはだれかから偽りの取り立てをしていたら四倍にして返すと言いました。しかし、実は二倍でもよかったのです。レビ記の原則は、それに五分の一を加えることです。千ドルなら千二百ドルにします。しかし、感動を受けた時は、主の霊がどのようになさるかを見るのです。四倍にして返すように感動されることもあるでしょうし、十倍にして返すように感動されることもあるでしょう。ここでは原則を語っているだけです。ですから聖書を読む時、これは教えを述べているのではなく、聖霊が働かれる時の導きについて語っていることを、はっきり知らなければなりません。

主を信じる前の過去において、だれかを強要したり、だましたり、盗んだりしたとか、その他の不正な方法で、得るべきでない物を手に入れたりしたことがあるなら、今、主があなたの内側で働きかける時、これらをよくよく取り扱わなければなりません。これは主の御前で赦しを得ることとは関係ありませんが、証しに関係することです。

例えば、わたしが主を信じていなかった時、ある人から千ドル盗んだとします。もし主を信じた後も清算しないなら、どうやって彼に福音を伝えることができるでしょうか？　語ったとしても、彼はずっとその千ドルのことを覚えているかもしれません。確かに神の御前では赦されています。しかし、彼の前では証しがありません。神が赦してくださったのだから返さなくても構わない、と言うことはできません。これは証しに関係があることだからです。

ザアカイが四倍にして返したのは、証しのためであったことを覚えてください。

当時の人々はみな、主はどうして罪深い人の家に行くことができるのかと言いました。この人はどれだけ人を強要したことか、この人はどれだけ偽りの取り立てをしたことか、と人々はみなつぶやきました。この時、ザアカイは立ち上がって、もしわたしがだれかから偽りの取り立て書によって何かを取ったとしたら、わたしは四倍にして返します、と言いました。四倍にして返すことは、アブラハムの子となる条件ではありません。四倍にして返すことは、神の救いがこの家に臨む条件ではありません。四倍にして返すことは、神の救いがこの家に臨んだ結果です。四倍にして返すことは、アブラハムの子となった結果です。この回復の行為があったゆえに、人の前での証しがあるのです。これが証しの土台です。

わたしはある兄弟を知っていますが、彼は主を信じる前は金銭についていいかげんでした。彼の級友たちのかなり多くは、いわゆる上流階級の人たちでした。彼は主を信じた後、相当熱心に彼らを主に導こうとしましたが成功しませんでした。彼はとても熱心に彼らに福音を伝えましたが、彼らは心の中で、「これはいったい何か？　お金はどうなっているのか？」と言いました。彼の過去が彼らの前から取りのけられていないのです。この兄弟はザアカイになったことがありませんでした。彼の罪は神の御前では赦されていますし、どんな問題も全部解決しています。しかし、級友たちの前では何の解決もありません。彼は過去の間違いを認め、誤りを口に出して、負債を償ったなら、証しをすることができます。証しの回復は、過去の事を終結させたかどうかによります。

先ほど言いましたように、ザアカイは四倍にして返したからアブラハムの子となったのでも、四倍にして返したから救いを得たのでもありません。ザアカイはアブラハムの子になったので、四倍にして返しました。ザアカイは救われたので、四倍にして返しました。彼が四倍にして返したために、他の人たちの口は封じられ、話すことができなくなりました。四倍というのは負債をはるかに超えていましたので、他の人は言葉がなくなり、こうして証しを回復することができました。

ですから兄弟姉妹、あなたは主を信じる前に他の人にすまない事をしたことはありませんか？　物を借りたままになってはいませんか？　何かをでたらめに家に持ち帰ったりしていませんか？　正しくない方法で物を取ってはいませんか？　もしあれば、全部きれいに清算しなければなりません。クリスチャンの悔い改めは、過去の誤りを告白することです。普通の人の悔い改めは行為を改めるだけです。例えば、わたしが短気な人だとすれば、短気を起こさなければそれで足ります。しかし、クリスチャンは今、短気を起こさないだけでなく、かつての短気が間違っていたことを認めなければなりません。神の御前で短気を起こさないだけでなく、人の前でかつて起こした短気が間違っていたことを認めます。このようにしてはじめて、このことは終結させられるのです。

あなたの神の御前での問題については、かつて物を盗んでいたけれども、今は盗まなくなったらそれで結構です。かつて他の人の物を家に持ち帰っていたけれども、今日からもう盗まないなら、この問題はそれで結構です。しかし、人の間ではそうはいきません。三年間何も盗まなかったとしても、人はだれそれは泥棒であると言うでしょう。ですから、主を信じた後、あなたは人の前で証しし、過去の間違いを解決しなければなりません。そうしてこそあなたの立場がはっきりします。

しかし、ここに困難な問題があります。仮に、わたしが一万ドル盗んだとします。今千ドルすらないとしたらどうしましょうか？　原則として、あなたは人に対して率直に、かつて盗んだことと、今は償う能力がないことを告白しなければなりません。償う償わないは別の事であり、証しはすべきであり、証しがなければなりません。そうでなければ、一生涯、証しすることができないでしょう。

証しをする時、困難があるにしても、対処しないわけにいきません。やはり対処する必要があり、対処してはじめて人の前で証しがあるようになります。

人を殺した人はどうしたらいいでしょうか？　これも過去の事です。このようなことはどうすべきでしょうか？　聖書には、直接殺人行為をした場合と、間接的に殺人行為をした場合の、二人の救われた人が出てきます。直接行為をしたのは、十字架上の強盗です。あの強盗は、ギリシャ語では普通の強盗ではなく、殺人放火した強盗であることがはっきりしています。彼は、こそ泥ではなく、他人の財産を奪おうとたくらんで殺害する者でした。彼は主を信じ、罪は赦されましたが、聖書は彼が過去をどう終結させたかには触れていません。もう一人はパウロです。パウロは直接人を殺したのではありませんが、ステパノが殺された時、彼は助け手であり、ステパノを殺した人たちの上着の番をしていました。パウロが救われた後、この事をどのように対処したのか見ることはできません。

ですから原則的には、もし殺人を犯した人が主を信じたなら、彼の罪はやはり過去の事です。血によって清められない罪は一つとしてありません。あの強盗はこの事を終結させませんでした。もちろん彼には終結させる機会もありませんでした。主は彼に、「今日あなたはわたしと一緒にパラダイスにいる」と言われました。ですから、わたしたちがこのような事態に出くわした時は、神がその人の内側で働かれるのでなければ、あまり重い良心の重荷を人に負わせるべきではありません。新約では、直接人殺しをした人と、間接的に人殺しをした人の二人がいますが、神は両方とも過去を挽回することに注意しておられません。しかし、ある人は神が内側で働かれるために良心に平安がないでしょう。これは普通の訴えではありません。そういう時にもし被害者の家族に対して何らかの意志表示をするのであれば、わたしたちはそれを止めるべきではありません。

D　終結がついていない事柄を終結させる

人が救われた時、必ず彼の手中には終結がついていない多くの世俗的な事柄があります。それらは主に従って行くことを容易に妨げてしまいますが、この事はいったいどうしたらいいのでしょうか？　マタイによる福音書第八章二一節は言います、「しかし、イエスは彼に言われた、『わたしに従って来なさい。そして死人に彼らの死人を葬らせなさい』。これも聖書における過去を終結させる一つの方法です。ここで一人の人がイエスに言いました、「主よ、まず、わたしの父を葬りに行かせてください」(二一節)。主は言われました、「わたしに従って来なさい。そして死人に彼らの死人を葬らせなさい」。ここの「彼ら」は、一番目の「死人」を指しています。二番目の「死人」は、その人の父親を指しています。一番目の死人は霊的な意味であり、この世の人々はみな神の御前では死人であるということです。主の思いは、あなたの父親はそれらの死人に葬らせなさい、あなたはわたしに従って来さえすればいい、ということにあります。

わたしは初信者に、父親のために葬儀をしないようにと勧めているのではありません。死人を葬ることとは死人に任せるという原則をつかんで、終結がついていない多くの事柄を彼らに任せるのです。もしわたしたちが、これらの事を成し終えてからと言うのでしたら、一生涯クリスチャンになる時間がないでしょう。家庭内の事、父親の事、生活の事など幾千幾百件の事が片付いてからと言うなら、だれがクリスチャンになれるでしょうか？　ですから、その原則にはただ一つの言葉しかありません。すなわち、これらはみな死人であるということです。死人に彼らの死人を葬らせなさい。霊的に死んだ人に処理を任せればいいのです。これは一つの原則です。これは決して、初信者が今後は家の中の事を構わなくていいと勧めているのではありません。この世の事が全部片付くまで待たなくてよいということです。全部片付くまで待つのであれば、主に従って行く方法はありません。

多くの人は自分のやるべき事を成し終えてから主を信じようと思いますが、そうであれば主を信じる機会を失ってしまいます。それらは全部死人の事です。その事に捕らわれてはなりません。わたしたちの目から見て成し終えていなくても、それでいいのです。成し終えてから主に従おうとするなら、大変なことになります。偶像の事、正しくない物、他の人に負債のある事の上では、すべて徹底的に対処しなければなりません。その他の終結できない事柄については、そのままにしておきましょう！

初信者が自分の過去に対して持つべき態度に関して、わたしが神の言葉の中に見つけ出すことができたのはこの四種類だけです。その他の多くの事については、成し終えていなくてもそのままにしておきます。家族に果たさなければならない事については、死人にやらせましょう。わたしたちには時間がありません。わたしたちは主に従って行くのです。それらはあなたが行って成し終えるのではなく、死人にやらせればよい事です。霊的に死んでいる人たちにやってもらいましょう。

一つの質問

ある兄弟が質問しました：もし人に対して罪を犯して相手が知らない場合、その人に告白する必要があるでしょうか？

答え：問題は、物質的な負債があるかどうかです。彼らが知っている時には、ザアカイのように対処しなければなりません。彼らが知らないけれども、物質的な負債がある場合には、やはり行って告白しなければなりません。しかし、一番いいのは教会と共にすることです。経験のある兄弟たちに助けてもらって解決することです。彼らはどのような方法を採れば、さらに一層益となるかを知っているからです。

過去の事を終結させる

2012年1月10日　初版印刷発行　定価250円（本体238円）

著　者　ウ　オ　ッ　チ　マ　ン・ニ　ー

発行所　ＪＧＷ日　本　福　音　書　房

〒151-0053 東京都渋谷区代々木1-40-4

TEL 03-3373-7202　FAX 03-3373-7203

（本のご注文）TEL 03-3370-3916　FAX 03-3320-0927

振替口座００１２０－３－２２８８３

落丁・乱丁の際はお取りかえいたします。

ISBN978-4-89061-615-2 C0016 ¥238E